Danke Wolfgang, für die positiv-kritische Begleitung
und die wunderbaren Bilder!
Danke Marek, für die unendliche Geduld am PC!
Danke Michael, für die moralische Unterstützung!

 **Marianne Koch,** geboren 1956, studierte Literaturwissenschaft und Pädagogik und arbeitet als Sonderpädagogin in der Integration mit behinderten Kindern. Sie schreibt, seit sie schreiben kann; wird mit 80 richtig gut sein. Veröffentlichungen in der Zeitschrift „Buchstäblich" der Schreibwerkstatt Essen und in der dort von Herbert Somplatzki herausgegebenen Anthologie „Zeitzeichen". 2010 erschien „Hin und weg" - Reisebilder, lyrische Prosa.

Der Illustrator Wolfgang Busch lebt als Autor, Liedermacher und „Linolschneider" in Witten. Eigene Veröffentlichung 2009 „Mensch Grille", Lyrik, Kurzprosa und Linoschnitte. Seit 1986 Ausstellungen in Herdecke, Witten, Bochum, Dortmund, auf Sylt und zuletzt im Sommer 2012 in Quedlinburg.

Muss alles sein

Gedichte

**Mit Illustrationen und einem Nachwort
von Wolfgang Busch**

Die Deutsche Nationalbibliothek verzeichnet diese Publikation in der Deutschen Nationalbibliografie; detaillierte bibliografische Daten sind im Internet über http://dnb.dnb.de abrufbar

Gedichte: Marianne Koch
Linolschnitte: Wolfgang Busch
Herstellung und Verlag: BoD - Books on Demand
Printed in Germany 2012
ISBN 978-38482-41-934

Inhaltsverzeichnis

I Muss alles sein

II Nächte und Tage

III Zeitenwenden

I Muss alles sein

So

Häuser
fließende Häuser bauen
In den Häusern Rinnsteine bauen
Marmorbecken
Klares Wasser trinken
Wein auf dem Tisch
fortgehen

wiederkommen

Zu Marianne Kochs Gedicht „So" F04140 9/7-1
Wolfgang Buch

Der Raum

Die Sache mit den fließenden Häusern
dem Marmorbecken
mit dem Wein und dem Wasser
übrigens auch mit einem rauen Holztisch

das ist etwas fürs Leben
dass es fließt
wenn man geht
und wenn man wiederkommt

das steht so fest
mit keinem Fortlaufen
kann man verloren gehen

Aber wenn es zu fließen aufhört
wenn dieser arme Körper
verloren gehen will
dann braucht man den Ort zum Sterben
einen Ort
der weiterfließt
wenn ich
nein wenn dieser Körper
für immer anhält

Den feuchten dunklen Geruch
von Leben
brauch ich dann
eine ganz und gar sprachlose
eine kauende und verdauende
eine dauernde
Kreatur
Nasendampf

Fellgeruch
Mistgestank
die klügsten
liebenden
gleichgültigen
Augen:

Schlagt mir mein Sterbebett auf drinnen
an der Wand
im Kuhstall

Der Hausgenosse

Von Schmerzen hat ein jeder Seines
der eine ein Haustier ein zierliches kleines
es schmiegt sich an im Schlaf
und macht sich breit
im Traum
und singt ihm Angst und Dunkelheit

Dem andern kommt der Schmerz als wildes Tier
stets auf der Hut verharrt er stumm
und riegelt stündlich Schloss und Tür

Lass gut sein
lass Türen und Fenster sein
streichel das Tier und lass es ein
gib ihm Wohnstatt
nähre es gut
und wenn du ausgehst
bleib auf der Hut
dass es dir nicht folgt auf jedes Fest
dann kehr zurück in euer beider Nest

Schlafe wohl
wenn du ihm sein eigen Bett gegeben
So lebt ihr gemeinsam
ein langes Leben

Zu Marianne Kochs Gedicht „Der Hausgenosse"

F02140   9171

Wolfgang Busch

13

Ich klage mich an

Ich klage mich an
Ich klage mich an
der Liebe kein Bett
bereitet zu haben
weich genug
zu gedeihen
Ich war der Liebe
ein hartes Brot
nicht süß
nicht weich
Die Liebe
die ich kannte
hatte schwache Zähne

Wo ein Baum grün ist

Wie das schreit das junge Leben
leuchtend vor Dummheit
und schön anzusehen
Nur das Beste nur das Beste
schreit es
„Du kannst dir doch auch
nichts Besseres vorstellen
als deinen Geliebten!"
Ach Junge
natürlich kann ich
und - schrei nicht so laut
Leben ist überall
wo ein Baum grün ist

Die Krankheit

Als der Geist des Lebens
uns anhauchte
hielt er Gaben bereit
Die eine lag schon in der Wiege
schaute uns kalt an
Der Geist der Unversöhnlichkeit
er lehrte uns das SEHEN

Auf dem Weg durchs Leben
spreizt er uns mit spitzen Fingern
die Augenlider
vorwärts durch Hell und Dunkel
die Augen geöffnet
und von allen Hängen
stürzt der Schrei der Gewesenen
sitzt auf den Schultern
beschwert die Schritte

Hin und wieder
straucheln wir
Gegen das Stürzen gibt es
kleine Pillen
Keiner von Kyrene weit und breit
der hilft zu tragen
Freunde wenden sich ab
und die uns lieben
schauen uns nicht an

Warum eigentlich nicht

Ob ich denn an Selbstmord dächte?
fragt der Arzt bekümmert
Ich sitze vor meinem Miniatur-Tribunal
einer rechts einer links eine gegenüber
Eher an Mord sage ich dann

Auf dem verkniffenen Gesicht der Oberärztin
entsteht ein Grinsen
Das machen Sie aber mal nicht sagt der Arzt
und guckt erschrocken.
Wieso eigentlich nicht? denke ich
Keiner von euch kann mir das erklären

Verliebt

Ist dieses Krebsgeschwür
Hoffnung
denn niemals auszutreiben
aus dem irren Herzen
dass es
dich zur Fackel verwandelt
den Widerhaken ins Fleisch treibt
und die Seele in die Lüfte schickt
berückend erschreckend -

Dabei weißt du
dass du noch einen Riss von der Angel
nicht überleben kannst

Liebe und Fragen und Antworten

Da geht er
mein Prinz
die Flügel im Wind
mit Knabenhüften
seinem Leben entgegen

Ich weiß
dass er es schaffen wird
und er nicht
denn ihm
ist es nicht einmal Frage

Als mein Mann von der Arbeit kam und sagte, dass er für immer gehen würde

Es war ein leises Pfeifen
ein Hauch von Pfeifen
kaum eine Sekunde lang
(Du hörst die Abrissbirne
wenn sie geflogen kommt
immer zu spät.)

Der Einschlag war verheerend
für einen Moment
schwebte selbst das Fundament
verlor
Halt
Dann brach es durch die Mauern
zerstörte
machte zu Schutt
woran ein Leben lang gebaut worden war

Später
verrauchte Nebel
Das Haus war noch da
aber bewohnbar
nur mit Mühe

Es ist ein davongekommenes
ein unkomplettes
ein versehrtes Haus
ohne Dach
zu kalt
Die Fassade ist auch nicht mehr das
was sie mal war

Aber das Haus steht noch

Die Frage

Die Frage nach Sein
oder Nichtsein
zwischen dem vierten
und fünften Glas Wein
angesiedelt
zwischen der Kinderhand
die sich in deine schiebt
und dem Entsetzen
über die zerrinnende
Flüssigkeit
die dein Leben ist

Sein oder nicht sein
in Nächten in denen
die Schritte deines Geliebten
das Haus durchmessen
in allen Zimmern
doch nie zu dir
Nächte die schreiten
an dir vorbei

Liebesakt

Ich gehe vor den Spiegel
und gucke
ob ich es noch bin
und wer
das war
der mir eben so nah war
aber
es steht nicht in meinem Gesicht

Wie ein Hund
der zwei Befehle gleichzeitig erhält
hat sich mein Gesicht
in der Mitte
zwischen dir und mir
zur Ruhe gelegt

Fluch

Der Groll der ist ein böses Tier
er krallt sich in den Nacken mir
ich reiß ihn aus werf ihn dir zu
beißt dir ins Herz nimmt dir die Ruh
er beißt sich in die Seele dir
und du wirst ruheloses Tier

Auf ewig musst du nun bekennen
auf ewig um dein Leben rennen
nicht Schlaf
nicht Traum
und niemals Ruh -
Der Frieden zieht mit MIR
und du
wirst
rennen
rennen
rennen

Am Licht

Und wenn du gingst
auch du
- ach nein von Gehen
wollte ich nicht sprechen
denn noch
bist du ja nicht gekommen

Sieh
ich tauche aus des Brunnen
Tiefe
musst du wissen
hab noch nicht alles Dunkel
abgespült
Doch lieg ich jetzt am Licht
das mich erwählt
es anzuhäufen
Ja
heut und an diesem Abend
hat mich das Licht so leicht gemacht wie nie
ein gläsern Ding
hindurch zu schauen
für alles offen

Noch eh das Glas
sich wieder trübt
sag ich dir leise
dass ich das Schwerste versuchen werde:
Lieben

Proseminar Semantik

Das ist ein Ding
dass den Leuten
bei einem Orgasmus
die Worte kommen:
ich liebe dich

Man muss sich das
mal klar machen
um zu wissen
was für kaputte Sender
die semantischen Schaltstellen
im Hirn sind -
was heißt hier Kommunikationsmodell?
Auswüchse der Libido
absolut im Dunkel

Der weiße Kuss

Für Wolfgang, der freiwillig seinen gelähmten Körper zurück ließ,
und für Laurie, die ihn nicht verraten hat

Meine Fingernägel
Haar
und Darm
die leben nun für mich
man hätschelt sie
wie eine Mutter ihr Kind

Darum
heut Nacht
verabschiede ich mich
Du weißt Bescheid
Schick deine Traumtoten zur Ruh
Geliebte
schlafe fest
und hol dir den weißen Kuss
nicht vor morgen früh

Wanderdüne

Sandwellen
Sandtäler
Schreiten
im Bodenlosen
Wüsten
schillernd im Wechsel

nicht tun
lernte ich als Kind
nicht auf Sand bau'n
und dann

soweit das Auge reicht
Ruinen meiner Häuser
bröckelnde Fundamente
Wege ins Nichts
Scherben der Versprechen
glitzern im Licht

Und ich kreisele
bunt
und immer wieder
durch den Sand

Harmonie

Es
geschah
an einem sonntäglichen Sonntag
als die Sonne laut lachte
die Vögel die nächste Strophe sangen
Bäume die Allee im Griff hielten
die Eltern im Gleichschritt spazierten

dass das Kind die Hand mit dem Brot
wohl zu weit ausstreckte
und die Ente rücklings ins Wasser fiel
und ertrank

Was man dir nie verzeiht

Wenn deine Gardine die falsche Länge hat
und deine Wäscheleine die falsche Farbe

wenn du morgens schläfst
und nachts arbeitest

wenn du das Gras wachsen
und die Katzen darüber laufen lässt

wenn du Türen nicht vielfach verschließt
und dein Auto nur wie einen Gegenstand behandelst

wenn du blaue Augen hast und Busen
und im Büro nicht Kaffee kochst für fremde Männer

wenn dein Steuerantrag wechselnde Berufe zeigt
und du freiwillig zu wenig verdienst

wenn du liebst
und davon Kinder kriegst

wenn du heiratest
und davon keine Kinder kriegst

wenn du alles für möglich hältst
und nichts

wenn du trauerst über eine zerfahrene Ratte
ein Stück weiches Fell am Straßenrand
und lachst über einen fliegenden Stein

wenn du niemals aufhörst zu hoffen
auf mehr als dein Leben wert ist:

Dann sei sicher
und vergiss es nicht:
Man verzeiht dir nicht

Wähn dich nicht in Unschuld
die deine Hoffnung nicht ist

Wenn sie wieder kommen
die ersten
finden sie dich

Man wird dich erkennen an deiner rastlosen Sehnsucht

Absprache

Ich habe bei Gott höchstselbst
vorgesprochen
hab erklärt dass ich
zum Beten nicht geeignet sei

Im Chassidischen Glauben
hab ich ihm gesagt
gibt es die Möglichkeit
Gott anzuklagen
regelrechte Gebrauchsanweisungen
gibt es dafür -
aber zum Beten -?

Bitte Gott - ich versteh es nicht
das Geschnatter
und die Fröhlichkeit
in deinen Kirchen -
ich krieg einfach keine Verbindung
tote Leitung

Sicher
dein Sohn war überzeugend
seine Leidensfähigkeit
respektabel
aber
ich höre nichts -

Zu viel Lärm
lieber Gott
um nichts
all die Gekreuzigten unserer Tage

schauen mich an
und suchen
wie ich
Antwort

Also bitte
nimm stellvertretend die Gebete
der Schnatternden
und sag ihnen bei Gelegenheit
sie sollen mir aus deinem Licht gehen

Mutter Kirche

Kirchen sind wie schwangere Frauen
mit ihrem Blähbauch
den sie protzend halten
und mit ihm die kleinen Geschöpfe
an ihrem Lebensfaden hängend
angstvoll saugend
an einer kalten Hülle
die nach Weihrauch stinkt
voll gekreuzigter Leichen
und heulender Frauen
Mit der Fruchtbarkeit baut sie
die Mutter des Lebens
vergiftete Labyrinthe
und niemand merkt
wie kalt ihre Mauern sind

Hauptbahnhof Essen ab

Ich schreibe
Ich schreibe am Morgen verschleierter Hitze
für die Felder des Ruhrgebiets
für blitzende Fenster in Senkungen
wo sanft vor Tagesanbruch
atmen Münder
Über Wiesen schreib ich noch morgenweich
verstrahlt und schwer metallisch
Ich schreibe für den Handwerker
der streicht den Bahnhofsanzeigetafelpfosten
und die Figürchen im Angermunder Spielzeugbahnhof
Ich schreibe mit emsigen Fingern
Ich schreibe für das Licht der frühen Sonne
für Brückenpfeiler im klaren vergifteten Wasser
Ich schreibe für alle
Kaffee kochenden Sekretärinnen
Ich schreibe
Ich schreibe denn dies ist ein verlorenes Leben
im tickenden Wälzen auf Bahnhofstreppen
auf Straßenbahnstühlen
im Gezeitenrhythmus der Mittagspausen
Ich schreibe
schreibe im Devisenstromrauschen
Ich schreibe
schreibe für die ertrinkenden
Kaffee kochenden Sekretärinnen
für den Sommer
für die Hitze

den Geruch auf der Haut
mühsam gedeihend im Schreibautomatenparfüm
Ich schreibe für alle die Kaffee kochenden Sekretärinnen
die zweite Kreation
Lasst uns schreiben!

Muss alles sein

Morgens Schmerzen in den Fingern
Träume vergessen
die zusammen gedrückten Lippen meiner Mutter
und fest zugedrückten Augenlider
als ich kam
um Abschied zu nehmen
und
von Vater dieses Ausatmen
ohne ein neues Einatmen
als wir Lieder sangen
an seinem Bett, muss alles sein

Ja und die Schmerzen in den Schultern
auch die Freude über dein Gesicht
wenn du sprichst
und die Freude an diesem Rotwein
den ich dabei trinke
Dass es draußen schon wieder dunkel wird
und kalt
der Duft der Kamille im Sommer ja auch der
und die langen warmen Nächte
wenn Tiere die ich nicht kenne
im Wald rufen

Muss alles sein

Dass Liebe verschwand
aus meinem Leben

und in quälenden Träumen
die Frage mir kommt
Gab es sie wirklich?
dass mein Herz verwaist ist
und weint

Muss sein

Dass mein Hund mit gekreuzten Pfoten
im Schlaf läuft
neben meinem Bett
die Zungenspitze guckt etwas
aus dem Maul
und die Katze
wird im Schlaf eine Kugel

Dass so vielen Kindern die ich kenne
das Leben ein verdammt hartes Brot ist
und denen in den Fernsehbildern
nicht einmal das
Dass nimmermüder gefräßiger Krieg
leere Hände und Seelen
zurück lässt

Dass die Freunde an meinem Tisch
mit mir Kanon singen
das wirklich ganz besonders!

Dass Trauer nie vergeht
dass Freude mit jedem
Vogelruf wieder kommt
diese Müdigkeit
und die Schmerzen
nicht nur in den Fingern
dass ich einfach nicht rauskriege

wohin die Liebe verschwindet
und die Zeit
und ich selbst
dass der Wald so schön ist
so gleichgültig und schön
und der Weg im Wald
auch immer da ist
da sein wird
ohne meine Schritte

muss sein
muss alles so sein.

II Nächte und Tage

Es

Manchmal greift es mich
schleudert mich hoch über die Wolken

Im Fallen
höre ich die Bäume rufen
sehe sie die Arme ausbreiten
ihre Stimmen eilen mir entgegen
sie ächzen vor Freude
und ihre Worte sind
in leuchtende Farbe gekleidet

Auch ihre Haut wispert
in der Farbe der Sonne

Sie fangen mich auf
rauschen vor Glück
über mich
mich
die ich aus dem All
in ihre Arme fiel

Das Ende

Schönheit wird das Ende sein

Wenn es so weit ist
werde ich die süßen Früchte
geerntet haben

meinen Hund
durch tropfende Wälder begleitet
und Kerzen angezündet haben

Ich werde Kindern
die Feuer und die Hirten gezeigt haben
an der Weihnachtskrippe
und am Nordseestrand
oder Kamin
euer neues Jahr
auf die Reise geschickt haben

Die süßen Früchte
werde ich verzehrt
unter den Blüten ihrer Wiedergeburt
geträumt haben

Auch durchs Maisfeld
begleite ich noch meinen Hund

In der stillen Hitze
wird der Weizen schön stehen

und dann
hinter der Wegbiegung

wird der Duft
der wilden Kamille
meinen Lauf stoppen

mich umwerfen

und ich werde ruhen

Erinnerung an Rom

Sie träumt sie ist ein Pferd und läuft am Wiesenhang
das Auto trifft sie nicht doch fast
sie träumt die Sirenen gehen
die Hunde heulen
sie träumt sie hat Angst
sie träumt sie geht die Via Giubbonari
oh Via Giubbonari
Heike singt du hast Glück bei den Frau'n bel ami
sie träumt die Appia Antica
Steine unter den Füßen
galloppierend
sie träumt sie findet die Porzellanscherbe im Lehm
auf dem Hügel hinter dem Haus
sie träumt das große Grab der Cecilia Metella
den Zackenturm
sie träumt sie riecht das Backen bei Campo dei Fiori
pizza bianca für Lisakind
Wasser vom Brunnen
Frizzantino und Fenchelgebäck
sie träumt sie begegnet dem steinernen Lehrer
dem scheuen Lehrer der Schriftenrollen im Capitol
sie träumt sie lacht ihm zu
sie träumt sie trägt Lilla die fuchsohrige Hündin
sie träumt sie rettet Mimma die Mutterkatze
diesmal wirklich
diesmal wirklich
sie träumt sie trägt ein Kind durch Santa Maria dei Fiori
Mosaike sprechen unter'm Fuß

sie träumt

vor sich den ganzen Weg
unter sich alle Stufen

Hinabschreiten ein Genuss

Venezia

Wie die Bänder
flattern am Hut
vorwärts im Wind
ins Meer
und langsam heben grüne Fluten
in den Himmel Kuppeln weiß

Ein jedes Haus hat seinen schwarzen Sarg
vorm Tor
geschwungen schön

gleiten wir sachte im Strom
sanft
erst der Beginn
im Stundenglas

Auf den Stufen streichelt eine Hand
die sterbende Taube

und schnell
ach schnell
flatterndes Band
Brücken
Winde
Bänder
schwingen
über den Abgrund -
So zieht der goldene Löwe
im Fluge Venezia geschultert
ins Meer

Lucca

Eine Hand legt einen Schlüssel auf den Tisch:
Tu als seist du zu Hause

In der Nacht bellen die Hunde und es läutet
über die Dächer der Tausendtürmigen
das Meer der roten Ziegel überragend
tötet der Heilige Michael allnächtlich den Drachen
im milden Marmorschein

Angekommen bin ich zu Hause
und schlafe nie geschlafenen Schlaf
wo des nachts
nur die Hunde bellen
und die Glocken läuten

Schnelles Leben

Unendlich viele Tage sind gekommen
sie kamen am Abend
ein wenig matt
und sie kamen jeden Morgen
ein wenig zu laut
Sie fragten nicht und hielten nicht an
sie kamen
und kamen
unermüdlich
seltsam und ohne
je nach meiner Betrachtung und Ruhe zu fragen

Sesshaft

Am Bahndamm
an Wiesenhängen
haben die Männer sich sesshaft gemacht
mit Bierflaschen
in Erdenkuhlen
und schauen dem Treiben zu
das geht wie feiner Sand
an Schaufenstern
hin und her
vorüber

Was wir haben der Hund und ich

Ich hab meinen
Indianerfelsen -
gebrochen und hoch

Ich seh Winnetou das Reh
am Abgrund wandernd
oben gegen den Himmel stehen
mich beobachten

Ich habe meinen
Buchentanzsaal
wo die Damen hochhäuptig
und schlank
bei geheimer Musik
im roten Laub schreiten
zierlich Schrittlein tun sie
gemeinsam rauschend
und immer
seh ich hin
verharren sie

Ich habe
nein mein Hund hat
seine Arena
auf der Wiese am Hang
jeden Tag eine andere Bahn
auf der er sich vor wagt
bis an die Hasenstädte
aber nicht weiter

sich umschaut
mir zuruft:
Komm schnell!
Komm weiter!

Warten

Weh brennt der Sommer
luftloses Nebellicht lastet
im umgepflügten Feld
hat den Waldsaum verschluckt
Baumkronen blind gemacht
tiefe Sonne
schwer und breit
taucht in die Woge

Die rollt schon heran
schickt Frische voraus
und überspült uns
mit Herbst

Februar an meinem Fluss

Frühling hat um die Ecke geguckt
hat groß Wesen gemacht
war viel Meisenzwitschern
und Schwanenzischen
und Gänseflugsausen
Schneezwerge im Feld
gucken ganz dumm

Nach dem Fest

Die Nebelkrächzen
schreien im Feld
oh ach wie ist die Sonne krank
den Farbenchören auf den Mund geschlagen
dampft die Luft
und nasse Erde
friert in Füße
ratata tatata ta
spielen die Kinder im Wald
mit neuen Pistolen
Weihnacht vorbei
der Niklas
pellt sich von der Fensterscheibe

Zur Nacht

Für Arne und Lena

Sanft schwebt auf dem Wasser zur Nacht
bald hin bald her sich wiegend
der kleine weiße Wassereimer
Wisst ihr dass
zur Nacht
eure Sitzbank belagert Mimma die Katze?
Sie weiß
das kleine Becken ist kühl
und zu nass, weiß
was huscht in der Sandburg
Schlaft ihr?
Sanft schwebt auf dem Wasser zur Nacht
der kleine Eimer so weiß

zu Marianne Kochs Gedicht „Zu Nacht"   1/40 07/11 Wolfgang Rasch

Nachtfragment

Gerade vor mir öffnet sich eine tiefe Gasse
nicht schmal nicht breit gerad angenehm
zwischen Zypressensaum und Wand
ein lichtlichtes Grau die Nacht
Tief so tief wie schwerste Süße
und doch auf meinem Lippensaum
seehart wie eine Perle
und mitten darin
gerad so Mitte
dass der lange Schein hier her leckt
über den Tisch mir entgegen
das wunderbar zarte
das fließende Lichtauge
der Mond
das Auge der Ewigkeit
Hier sieh doch
in der Tiefe des lichten Grau
sieh die Süße
die Perle
die Kostbare
in ihrer innern Gestalt

Da schneidet von links nach rechts ein dunkler Düsenstreif
den Mond entzwei

Obstgarten im Winter

Eine lyrische Geschichte in vier Tageszeiten

Der Obstgarten draußen geht lang auf's Feld hinaus. Doch er hat ein niedriges weißes Mäuerchen, das ihn auf seinem Platz hütet. Er wirft schon mal eckige Äste zur Erde, was man besonders sehen kann, wenn er keine Blätter mehr trägt. Wenn er erst seine Äpfel und dann seine Blätter weg gegeben hat, sieht er starr aus und stark, nicht so weich wie im Sommer. Wer dumm ist, denkt vielleicht, die Bäume seien jetzt nackt und wie jeder andere Baum. Aber das stimmt nicht. Sie sind noch immer Obstbäume. Und im Winter, wenn sie keine Äpfel und Blätter tragen müssen, dann sind sie frei.

Morgens, ganz früh, sah man den Obstgarten durch tropfende Scheiben. Das war seine einsamste Zeit. Dann hörte niemand, dass er ständig sprach und wisperte. Er selbst hörte Autos über die Landstraße zischen, was ihm sehr schwer fiel mit seinen empfindlichen Ohren. (Man muss wissen, die Ohren der Bäume sind nur fürs Stille gemacht.) Aber später, wenn die Glocken läuteten, dann hatte der Obstgarten sich getrocknet und stand ruhig. Alles, was sich um ihn herum bewegte, besonders auf der Straße, hatte ihn so nervös gemacht. Man kann sich das denken, denn er bewegt sich selbst ja nie und lebt auf der Stelle.

Die lange Festzeit des Tages begann, wenn die Sonne schmolz. Im Winter war das schon sehr früh. Viele Menschen sitzen dann in einem Haus oder in einem Auto und sehen es nicht. Dabei geschieht etwas ganz Besonderes. Die Sonnenscheibe wird erst etwas weicher, dann dunkler, dann beginnt sie zu fließen. Es ist das Beste, zu dieser Zeit in einem Wald zu sein.

Durch die schwarzen Finger des Obstgartens funkelte dann das Licht sehr laut. Oft hatte sich jeder einzelne Baum mit dem Rücken zum Feld und zu dem kleinen Mäuerchen gedreht. Unglaublich hoch und dunkel standen ihre Rückseiten dort, ein jeder dem anderen zugewandt. Wenn dann das Sonnengold langsam weich und matt wurde, am Ende rot, dann konnte man wahrhaftig denken, dass sie dort eine stumme Andacht hielten. In Wirklichkeit aber unterhielten sie sich leise im Chor und wisperten pausenlos.

Dann kam wieder eine besondere Stunde. Ohne Ruhepause mussten die Bäume sich umziehen. Festlicher wurde es jetzt. Der Himmel hatte all sein Rot über sie geworfen, so heftig, dass ihm selbst nur blasses Blau und blasses Rosa blieb - was sich noch ändern würde.

Sehr elegant trugen sich die Bäume nun, so unnahbar, dass man sie gar nicht mehr verstand. Am Waldrand stand schon niedriger Nebel. Man verstand die Bäume wirklich nicht mehr. Sie leuchteten. Sie warteten auf etwas.

Zu Marianne Kochs „Obstgarten im Winter"
FO1/40   9/11   Wolfgang Buch

Zu dieser Zeit, selbst wenn sie gewollt hätten, hätten die Bäume nichts zu wispern gehabt, auch nicht im andächtigsten Ton. Zu dieser Zeit war ihnen ein Zauber auferlegt, der ihnen den Mund verschloss und sie zwang, ihre Kronen hochhäuptig still zu halten, dass ihre hakigen Wipfel im blutroten Himmelsstreifen den Menschen in die Augen stachen. Nur zu dieser Zeit durfte der sanfte Abendnebel sie bläulich bis zu den Füßen einwickeln, ohne dass sie froren. Wenn dann eine feine Mondsichel aufging, wurde mit einem leisen Seufzer der Zauber von ihnen gezogen. Dann dehnten und streckten sie ihre zahlreichen Arme und Finger. Man konnte es sehen, wenn man genau hinsah.

Kreislauf?

Sag nicht
junger blühender Frühling
sag
der Anfang war
voller Schmerz
immer am Abgrund

Sag nicht
klares helles
Sommerlicht
sag
Freiheit ja
doch Kampf
mit allen Seelenfasern

Sag nicht
fruchtender farbiger Herbst
sag
fruchtendes farbiges Leben!
Und Freiheit!
Und Tanz ohne Angst
am Abgrund!

Sag
was bringt der Winter?
Schlaf
und neuen Frühling

Vinho verde an der Bar alleine im Sommer

Es ist
Duft von Gebackenem
es ist
Angst vor dem Tod
es ist
Freundschaft für alle die Angst haben
vor dem Tod

es ist
Gläserklirren
es ist
tausendstimmiges Reden
wo verhandelt wird
über die Liebe
und die Speisekarte
es ist

perlender Wein
es ist

Jugend
die nicht weiß
dass sie jung ist
es ist

Glitzern
es ist

Schmuck
es ist
Schönheit

Regentropfen auf
Caféhaus-Schirmen
es ist

SCHÖN

mit euch

Meinkinomeinekneipe

Der lautlose Vorhang aus Lärm
Stimmen
ihr lacht
und lebt
und seid so hässlich

Das schöne Gesicht des Sünders
hat erzählt
vom Leben und vom Tod
und Untergang

Stumm

mit den Augen
von Sehnsucht
von Trauer
von Verzicht
und Verlorengehen

Von der Erlösung

ecce homo

("The American" von Cobaine, Gesicht von George Clooney)

Katzenparadies

Bisweilen zur Nacht
rollt sich die Katze
in die Höhlung mir
von Arm und Bein die
embryonal benachbart
ruhen im Schlaf

Dort schnurrt sie
ihren Milchtritt-Traum
ihre Kinderhöhle
singt sich
und mir
ein Lebenslied

Klimawechsel

Hell blüht im gelben Laub die Wunde auf
wie wehe Lust
die letzte Rose
Dies warme Blut zwingt sie sich ab mitten
im allgemeinen Sterben
so täuschend schön und dauerhaft
ist dieser Tod
das Blut so grell und kurz

Und zögernd
zieh ich meinen Blick
und meine Finger auch
sogar im Mund die Zungenspitze weg
aus Angst
mich zu vergiften
an diesem entzündeten Leben

Fremdling

Den gekippten Leitungsmast entlang auf
einem grauen Baum mit Innerei aus Draht marschiert
ein Käfer
schwarz und dick
im Kreuzgang
die Beine flügelnd
so hin
und her
dass rechts und hinten
links und vorn
ein Tanz ist mit winkenden Füßen

Ich äuge stumm
und häng ihm nach
so unnahbar bleibt er
vor meinem Gelächter
ja
ICH bin fremd in diesem Gras

Für den Straßenmusiker

Er ist ein Sänger
he's a singer
in der Mittagspause flimmert der Bildschirm
in meinen Augen
und hier
singer
die Sonne durch's Laub

In der Mittagspause
sehr schmal
sehr british
why do you treat me like you do?
In einer Mittagspause
Einkaufszone
mit Rückenschmerz und Augenflimmern
it is the evening of the day...
trinke einen starken Kaffee
stand and watch the children play
singer
sehr schmal
very british
sehr rothaarig
the answer my friend
in der Hitze der Einkaufsstraße
is blowin' in the wind
singer gegen den schmerzenden Rücken
von vor
und nach der Mittagspause

just remember the Alamo!
Oh
as time goes by!

Du machst mich so traurig und froh
sehr schmal
he really looks very british
sehr zart
ein Hauch
ein starker Hauch
sagen wir ein ordentlicher Schlag
von diesem Eros
der die Dinge lebendig hält
and you
and me

Eigentum

Dies Haus gehört der Vermieterin
der Gehweg
der Vorgarten
die Mülltonne
der Rasenmäher
der Garten

An Wochentagen gehört der Garten
den Rasenmähern
der Rasenmäher
gehört der Vermieterin
samstags gehört der Garten
der Wäsche
sonntags gehört der Garten-

Bei Sonnenschein
gehört der Garten
dem Kindergeschrei
den Sandkästen
Biergelagen

Bei Regen
gehört der Garten
den Vögeln

Der Rasenmäher
gehört der Vermieterin

In der Dämmerung
gehört der Garten
den Katzen
die Beete
der Kompost
die Bäume
das Spielzeug der Kinder
die Mauer wo's huscht
der Rasenmäher
gehört der Vermieterin

Bei Nacht
Nacht
der Rasenmäher
gehört
mir der Garten
gehört
bei Nacht der Garten mir
die Katzen
den Katzen
all die kleinen
Spiele der Kinder
gehört
der Vermieterin der Rasenmäher
mir der Garten

III Zeitenwenden

Zeitenwenden

Die Großeltern schauten bös
auf unsere unwissende Freude
an Italien
an Frankreich oder Übersee
ansonsten schwiegen sie beredt

Mutter schwieg klagend
bisweilen sah ich
schwarze Gestalten
nach ihr fassen
Mutter fragen
kam einer Kriegserklärung gleich
die sie mit verzweifelter Wut abwehrte

Vater erzählte umso mehr
von der Heimat
der verlorenen
so viel
und so blühend
dass selbst ich
die Nachgeborene
sie betrauerte
während meine Heimat
dem Wiederaufbau zum Opfer fiel

In der Schule lernten wir mit einem Atlas
elf Namen der Teile
eines schmalen Heimatlandes auswendig
Der Onkel schimpfte
wir wüssten zu wenig über unsere Heimat
dabei meinte er seine

die fünf Teile
die in unserem Atlas farb- und namenlos waren
und beim Versuch
sie wirklich anzuschauen
säumte Stacheldraht unsere Wege

Jetzt bin ich wiedervereint
besichtige Heimat
beim Bier im Gasthof
flieht jeder Blick vor meinem

Was für ein Abend
den ich im Gespräch mit einem fünfjährigen Kind
beende

Wiederaufbau

Die Urbanus-Kirche in Gelsenkirchen-Buer ohne Turmspitze seit dem Krieg

Der einäugige Uhu hockt immer noch
über der Stadt
Abrissbomben
Bauhaie
nach der Grabesruhe
Mordlust entfaltend
kleben bunte Vögel an die Wände
wo einst -

gewölbte Stufen
die ich nicht schreite -
ein Messingknauf der rund
in meiner Hand nicht liegt -

Spähte dies Fenster aus?
Grelle Bilder kleben an den Mauern
dass wir nicht wissen
ob sie noch steh'n
sie stehen noch
sagt man

Der alte Baum
aus dem Garten der Nachbarin
im alten Haus
hinter der alten Mauer
an die wir Kinder Bälle zählten -
schon lange ist sie tot die Nachbarin

der Baum er lebt
in der Ecke
neben dem Supermarkt

Und der einäugige Uhu hockt immer noch
schweigend
über der Stadt

Die Enkel des Kriegs

Geboren wurden wir in vollen Töpfen
umgeben von hungernden Augen
zu essen
forderten sie uns auf

Durch den abgewandten Rücken der Köche
schimmerten ihre Rippen wenn sie
hohläugig
und mit kalten Händen
unsre Herzen auf die Reise in das Leben wiesen

Es mochte uns nicht so recht schmecken
selbst wenn
uns die Wiesen hinter den offenen Fenstern
entzückten

Immer und immer
beim Gang unter der Sonne
ist da der kalte Luftstrom
durch die hungernden
hohlen
Augen

Die Enkel des Kriegs II

Die uns aufzogen
und nährten
unaufhörlich fütterten sie
den unstillbaren Hunger
nach Zuhaus
nach Wärme
nach Wiederfinden
blähten den Mangel auf
mit Milchsuppen
und Lebertran
waren schmerzende Wunden
die unsere Tage
und Träume überwachten

Noch im traumlosen Schlaf
zitterten wir vor Angst
sie könnten an diesen Wunden sterben

Was mir fehlt

Was mir fehlt
ist das echte Katjes
Sie wissen schon
diese Lakritzkätzchen
mit dem unnachahmlichen Biss
abgeschafft
die verkaufen nur noch
so widerwärtiges Weichzeug

Was mir fehlt
ist abends im Bett
das gedämpfte Licht
durch das kleine Türglas
und die leisen Stimmen
dann die wandernden Autolichter an der Decke
die sich kreuzten
drehten
und verschwanden

Was mir fehlt
ist das Gefühl in meinem Bauch
wenn Papi mich beim Laufen
an der Hand hielt
bei jedem Hopser haushoch hob
- war doch haushoch? -
jeder haushohe Hopser
war ein Lachanfall
ich konnte fliegen

Was mir fehlt
ist die Klarheit dass
Alles
Immer
So
weiter gehen würde

Was mir fehlt II

Wohin ich oft will ist
auf die Treppenstufe
zum Hof
wo ich
bevor die anderen Kinder kommen
meine Glanzbilder sortiere
in der roten Pralinenschachtel

Wohin ich oft will ist
auf das Küchensofa
bei Oma
Birnengelee
Tee mit Milch
Kirchenglocken

Wohin ich oft will ist
auf die knarrende Treppe
auf der Sonnenstrahlen
den Staub tanzen lassen
und es nach Bohnerwachs riecht
und sonnengewärmtem Holz
die Ferienkinder
poltern und lachen
und manchmal eins weint
vor Heimweh
ich auch

Wohin ich unbedingt wollte

ich weiß es noch
war weg von Mutter
mit dem großen Brockhaus auf dem Schoß
weg von Mutter
die uns erklärt
was Mann und Frau machen müssen
damit sie Kinder bekommen
weg von Mutter
und ihrer beklemmenden Scham
weg zum Spielen!

Wohin ich eigentlich wohl will ist
acht Jahre alt sein
die einzige Zeit
in der ich alles wusste
und noch nichts weh tat

Splitter

Für Klara Holzapfel und alle anderen russischen und deutschen Frauen

Leben und Tod meiner Mutter
gingen immer traulich Hand in Hand
das große Panorama Erinnerung
starb
bis auf Splitter
früh
obwohl
an die Peitsche mit der der Vater sie schlug
erinnert sie sich gut
eine kunstvolle Lederarbeit
mit grünen geflochtenen Schnüren

Auch an Griet Birnbaum
und die kleine Lavon vom Bäcker
bildschöne Mädchen waren das
die waren immer zusammen
was aus denen geworden ist?
Ja weißt du das denn nicht
die haben die Russen totgeschlagen
das waren zwei bildschöne Mädchen
die waren immer zusammen
die Griet hatte strohblonde Haare
und die kleine Lavon war ganz dunkel
die waren immer zusammen
bildschön waren die

Klara Holzapfel
die verkaufte Fisch
auf dem Markt in Falkenburg
Tante Mias Fischsuppe

einmalig
die Petersilienwurzel die war
dünn wie eine Stricknadel
die hat Tante Mia noch geschält

Die Klara Holzapfel?
Die haben die Russen auch totgeschlagen
also - die hat doch wirklich keinem was getan

Meines Vaters Todestag

Deine Schuhe haben keinen rechten Platz
in meinem Zimmer
sie enttäuschen mich
dachte ich doch
ich habe sie gerettet
vor dem Ordnungswahn
nach der Totenwache

sie sehen meinen kleinen Füßen zu
wie sie hin und her
gehen

geruch- und bewegungslos
finden sie doch keinen Platz
deine Schuhe

Ach Kind
hast du gesagt
als du all meine Fragen nicht mehr
beantworten konntest
Berlin '45 -
da waren alle unterwegs
geflohen
noch hoffend
gehetzt
verzweifelt
gestrandet
zerstört

die einen nach Osten
die anderen nach Westen

Jetzt schließ ich sie ein
deine Schuhe
ich hör sie sonst
immer gehen

zu Marianne Kochs Gedicht
über die Schuhe ihres Vater
01/40   9/77 Wolfgang Busch

Meiner Mutter Todestag

Wir Kinder mit greisem Antlitz
noch immer
in den steinernen Spuren

beinah abgelaufen unsere Sohlen
schleppen wir
müde geworden
die schweren Lebensfackeln
halten sie weit
mit schmerzenden Armen
dass sie nicht brennen
der Väter Haus
der Mütter Haar

schon schwankend
am Ziel
senken wir
die Fackeln
nieder

am Grab

an den Gräbern

der Mütter
der Väter
und weinen
und ruhen aus

Hiroshima

Die toten Kinder kommen
soweit vorhanden
in Gräber
mein Glaube
ans Kreuz
Er atmete noch als ich ihn ansah
tat weh
öffnete den Mund
und spie einen Schwall Blut

Geöffnete Hände
von Bomben überrascht
ihnen entfallen die Tränen
verstauben die Seelen
zurück bleibt
kein Wort

Nach Osten - Mein Lied für Europa

Auch das Wetter
ist im Weserland
ziemlich germanisch
aufdringlich tief hängen die Wolken
über endlosen Wäldern
aus römischer Sicht weiß Gott
- oder die Götter -
keine leichte Eroberung
ist auch missglückt

Ein paar Jahrhunderte weiter
komm ich durch
Wolfsgrund
und
Dorfmark

Als ich in meinem Jahrhundert ankomme
sitzt es an einem Soldatenfriedhof

Später an der Autobahn
treffe ich eine Russin
Reisebus aus Wolgograd
Sie mag meinen Hund
der aus Rumänien stammt
findet
er hat das gleiche Fell wie ihr Hund
Sie hat zu Hause einen Boxer
(es klingt wie Baksser)

ich kann kein russisch
weiß nur „sabaka" - der Hund
und sie kann „I love you"
und sagt es zu meinem Hund
legt dabei ihre Hände auf ihr Herz

Hunde
denke ich
Hunde aller Länder
vereinigt euch
und wir bleiben im Gespräch
an den Autobahnen

Nachwort

Marianne Koch ist dabei, eine Schwelle zu überschreiten: von der Reisenden zur Sesshaften. An diesem Punkt geht es um die Akzeptanz alles bisher Erfahrenen. *„Muss alles sein"* ist die Überschrift ihres Schlüsselgedichtes und der Titel dieses Lyrikbandes.

Es ist ihre zweite Veröffentlichung. Ihr erstes Buch, *„Hin und weg - Reisebilder"*, erschien 2010. Seine kurzen Abschnitte sind präzise und sensibel geschriebene Miniaturen, die sie selbst als „lyrische Prosa" bezeichnet.

Von daher ist es nur ein kleiner Schritt zu dieser Gedichtsammlung: ein Innehalten auf dem Reise - WEG, der nicht das Ziel war (so steht es auf dem Einband des ersten Buches).

„Muss alles sein" ist auch der Titel einer der drei Abteilungen, in die diese Gedichtsammlung aufgeteilt ist. Sie ist eine einstweilige Lebensbilanz: Immer glasklar, meist schonungslos sowohl gegen sich selbst als auch gegen die Menschen um sie her, macht Marianne Koch eine Bestandsaufnahme mit sezierendem Blick, durchbrochen von zögernder Wärme, von großer Liebe zur tröstenden Natur: *„Dass der Wald so schön ist - so gleichgültig und schön - und der Weg im Wald - auch immer da ist - da sein wird - ohne meine Schritte"*.

Während ich als Anästhesist den Tod, auch den als natürlich erklärten(!), inmitten der Hässlichkeit und des Versagens unserer lebensverlängernden Apparate erfahren musste, erlebt ihn Marianne Koch in der Schönheit der Natur, eingebettet in die Verlässlichkeit ihrer Zyklen. Nur ein kleines Fragezeichen steht hinter dem Titel ihres Gedichtes „Kreislauf?", nur Andeutung eines Zweifels.

In der zweiten Abteilung des vorliegenden Bandes „Nächte und Tage" gelingt es ihr, den Zauber der Natur so auf uns wirken zu lassen, dass er immer wieder unsere Neugier weckt, „uns beschützt und (...) hilft zu leben", wie Hermann Hesse 1942 in seinen *„Stufen"* sagt - und zu sterben, müsste ich ergänzen. In ihrem Gedicht „Das Ende" nimmt sie ihr Sterben vorweg auf einem Feldweg mit ihrem Hund, inmitten der blühenden, duftenden Landschaft. Der Tod kommt nicht als Bedrohung, sondern im Augenblick des Empfindens größter Schönheit. Und in *„Muss alles sein",* dem Leitgedicht dieses Bandes, stellt Sie fest, „dass Trauer nie vergeht", aber auch, gleich danach, *„dass Freude mit jedem Vogelruf wieder kommt".*

In der dritten Abteilung *„Zeitenwenden"* sind die jüngsten Gedichte versammelt. Marianne Koch nimmt das Schicksal der *„Enkel des Kriegs"* an, an dem Trauma der Kriegskinder, der Eltern, mit zu tragen; der Eltern der Aufbaujahre, die ihre Kinder aufforderten, sich am Leben satt zu essen, und dabei selbst in ihrer Seele Hungernde blieben. *„Der kalte Luftstrom durch die hungernden hohlen Augen"* der Köche verfolgt sie zeitlebens.

In ihrem wunderbar schlichten Gedicht „So" bringt Marianne Koch das für sie Wesentliche auf den Punkt: Ein Ort, ein Haus, wo sie *„fortgehen"* und *„wieder kommen"* kann - und wo es das gibt: *„klares Wasser trinken - Wein auf dem Tisch".*

Die Nanni, wie sie bei ihren Freunden heißt, ist übrigens eine exzellente Gastgeberin und bietet mehr an als Wasser und Wein. Und sie hat den Mut, in ihrer Wohnung mitten im Wald, wo sich Fuchs und Hase gute Nacht sagen, einen literarischen Salon zu etablieren. Respekt! Noch ein Wort zu den Illustrationen: Sie sind zwar ohnehin nie eine Eins-zu-eins-Übersetzung der Worte in ein Bild, so habe ich beispielsweise den „Obstgarten im Winter" ins Haus hinein geholt.

Aber bei dem Linoldruck zu dem Gedicht „Meines Vaters Todestag" hat mich der Teufel geritten. Weder von der Uhr ohne Zeiger noch von den Stöckelschuhen, die ich für Marianne hinein geschnitten habe, steht ein Wort in ihrem Text. Die Uhr habe ich geklaut aus dem alten Bergmann-Film „Wilde Erdbeeren" - und die Schuhe sind mein Geschenk an sie.

Wolfgang Busch

August 2012